SUÉLIO FRANCISCO DE SOUZA

A MINHA POESIA SOBRE RETICÊNCIAS

Labrador

Coordenação editorial Pamela J. Oliveira
Assistência editorial Vanessa Nagayoshi, Leticia Oliveira
Direção de arte e capa Amanda Chagas
Projeto gráfico e diagramação Vinicius Torquato
Preparação de texto Monique Pedra
Revisão Vinícius E. Russi

Dados Internacionais de Catalogação na Publicação (CIP)
Jéssica de Oliveira Molinari - CRB-8/9852

Souza, Suélio Francisco de

A minha poesia sobre reticências / Suélio Francisco de Souza.
São Paulo : Labrador, 2024.
48 p.

ISBN 978-65-5625-859-1

1. Poesia brasileira I. Título

25-1246 CDD B869.1

Índice para catálogo sistemático:
1. Poesia brasileira

Labrador
Diretor-geral Daniel Pinsky
Rua Dr. José Elias, 520, sala 1
Alto da Lapa | 05083-030 | São Paulo | SP
contato@editoralabrador.com.br | (11) 3641-7446
editoralabrador.com.br

FSC
www.fsc.org
MISTO
Apoiando o manejo florestal responsável
FSC® C128038

fonte Bodoni URW, High Tower, P22 Typewriter, Segoe Script
papel Pólen Natural 80 g/m² | impressão Meta

AGRADECIMENTO ESPECIAL

À editora Labrador pela parceria.

A minha poesia sobre reticências,
um caminho sem fim...
sobre reticências.

SONHOS SIMPLES

um aspersor de jardim
um pergolado no lago
e você ao meu lado porque rimou;
o fogo acender
no mato morar
um barco pequeno;
pequenas, pequenas
capítulos... mais um
é o meu novo livro
sonhos escritos
simples de ler.

....

POESIA A FERRO E PORRADAS

Estou no futuro
para escrever o agora
escrevo a ferro e porradas.
Escrevo sonhando
para escrever mais.
As digitais fincam
e o som da poesia é metal e impacto.
Borrões de tinta não voltam atrás
estou no futuro
para escrever mais.
Escrevo meus sonhos
meus devaneios
meus atinos e falhas nesta folha alva.
Borrões de tinta não voltam atrás
estou no futuro
para escrever mais.
Mais brincadeiras sérias
mais rimas infantis
e outras coincidências loucas mais.
Borrões de tinta não voltam atrás
estou no futuro para escrever mais.

Escrevo a minha poesia a ferro e porradas
as digitais fincam
e o som é metal e impacto.

Sou máquina de escrever
sou direto, sou Gutemberg
sou trabalho agregado
sou desde as eras mais antigas;
sou terra, metal e polímeros.
Sou muitos buracos perfurados,
sou tecido tecido com esmero no Grande Tear
sou como tinta no ateliê do artista
dedicado sou impressões.

Observo o eito – minha roça.
Meu rancho, meu moinho de vento,
meu fogo contido.
Gosto de contemplar as minhas coisas
e percebê-las alheias.

Alheio à violência quero viver melhor
uma ética humana melhor.
Aqui na roça marco a ferro o papel;
não marco o gado.
Escrevo sobre as coisas corriqueiras, concretas, bonitas.
A abstração é horrorosa
a pele não existe.

O meu café é morno e oxidado; está assentado
assim como eu sobre o fogão.

É muito gostoso viver como uma criança madura
que ainda brinca no quintal e escreve sobre
café maduro.

O meu bule tem asa e bico.

Desprovido de asas e bico arrisco
um voo do ninho...

O mato aparou a minha queda.

Escrevo como um matuto, pois sou um matuto.

Emaranhados difíceis de entender são para
passarinhos e passarinhas que se relacionam
bem rápido e botam sobre uma cama de capim a
sua poesia.

Meninos e meninas do mato namoram no mato
sobre uma cama de capim
e botam ali a sua poesia.

Amor matuto não tem jeito, é indelével.

Estou apagado

estou frouxo na existência...

Retornarei aos anéis de Saturno?
Às cavernas de Plutão?

Estou com saudades, muitas saudades de você
minha santinha!

... ...

Preciso abraçá-la, e acender uma vela
no seu oratório.

Vamos rezar mais uma reza na fazenda como
aquelas de antigamente?! Com muitas quitandas,
doces e foguetório! Com moças bonitas que
nos deixavam corados, com travessias e serras
de fé; com canções católicas em vozes finas
de senhoras...

Mais uma conta do terço.

Pai nosso que está no céu e na terra, não se esqueça desse meu povo sofrido, que sofre as dores desse mundo bendito.

Bento é teu ventre, benta é tua água; benta é essa casa em que moramos de graça.

Que sejamos cheios da graça para com os outros, e sorrisos.

E que possamos sorrir para a morte na hora da morte, e dizermos: Amém!

De joelhos, viva!

A bandeira de fitilhos está hasteada, viva!

O tamanduá solitário está no cerrado
procurando comida...

A carne de porco está na lata.

A nossa sordidez é calculável?! É velada, sim.

Muitas velas acesas aos pés dos nossos santos
para a redenção dos nossos pecados.

Atrás da casa... Desejo esfregar no seu corpo a
minha dura poesia.

Tua língua
tua cintura
nossos quadris.

Sigamos em frente. Sigamos os trieiros
marcados, as velhas estradas rumo aos velhos
destinos; à poesia louca de amor, às cidades nuas
de lógica.

A luz pereceu
ancorou-se para sempre.

Todavia, aqui na roça a vida continua. O chão
batido molhado é cheiroso; o feijão é batido no
terreiro pelo jovem ancião; as mãos da mulher
cuidadosa barreiam as rachaduras; a piaba é
pescada por taboca; a farinha de mandioca é
torrada no cobre; as formigas lavam os nossos
pés limpos debaixo da mangueira; a hipocrisia e
a tola tradição cultivam a nossa lavoura arcaica.
Contudo, a poesia é reveladora, revela-se a ferro e...

REFUGOS DA MÁQUINA DE ESCREVER

Estou seco. Estou seco porque simplesmente é inverno. As cores no mato incipientemente afloram. O paradoxo da falta surpreendentemente faz surgir.

Vivo no vento estrondoso, nas paredes das casas simples, nas memórias fortes dos quintais. Meus amigos e entes queridos estão partindo... Reencontro-os no vento, nas paredes, nas memórias fortes.

Na venda à beira da estrada, encontrei balas de fita com carinhas de bichinhos, repelente com cheiro de antigamente e bolas de gude para os meus sobrinhos... Os passarinhos serão mortos por mim.

Uma mandinga preta para fazer parar o fogo que desce a serra! Uma reza forte aos pés da cruz para fazer chover! O veado campeiro pasta; ligeiro. E o seu cheiro é o cheiro da flor do pé de caju.

....

a vida
a não-vida: avida
a vida insaciável: ávida.

……………………………………………………………………………………

VIDA ENTRE TANTOS

entre tantos
visão
epifania na turbulência onírica
microcosmo
super dimensão
uni-verso perdido
á-tomo ainda não lido
minúsculos resíduos da corporeidade
odores surpreendentes da antimatéria
horror notívago
luz do dia
prana
tantos – vida – tantos.

bárbara morta

o cortejo a nossa frente, atrasado está; ao nosso lado, sepultados precocemente, muitos outros, estão; sêneca e camus, também.

Inspiração boa
é a profunda.

ENFRENTAMENTOS

graça
desgraça
risos
desrisos
rios
pontes podres.

Urina de criança sai fácil. Dói, não sai fácil.

O medo do nada.

Os arbustos estão parados, mas à noite...
quimeras são!

(...)

Urina de velho sai fácil. Dói, não sai fácil.

Não sinto mais medo.

Mas por arbustos estou cercado. Outras
quimeras são.

Continuo uma criança
com medo de despedidas
com medo de ficar sozinho
de ficar sem nenhum amigo
nenhum.

Estou sozinho
meus companheiros e companheiras
me deixaram.
Estou sozinho
a emoção no meu peito partiu.
A paixão foi encenada de novo
e agora, tudo é martírio
e solidão.

Contudo, a minha santinha é o meu consolo.
Acendo, então, mais uma vela no meu oratório.

Um dia bonito para minha criança é um dia comum; em que a rede balança e nos faz sentir – passarinhos... Suspiros, seus olhos de luz, e a luz do sol da manhã sobre o nosso querido jardim.

ESTRIPULIAR

Você sabe o que é "estripuliar"?
É fazer estripulias
molecagens
traquinagens
travessuras
"arte de criança".

Venha estripuliar comigo!
Vamos riscar
rabiscar
desenhar
e escrever
poesia de criança.

A minha po
e
si
a
quebrada.

A MINHA POESIA INTEIRA

Não sei fazer música nem cartar
por isso, sopro despretensiosamente entre as
pontas dos dedos e faço mágica
e nesse passe de mágica faço: espíritos dançantes
escreverem no ar o poema que fiz.

As Palavras Escritas à Mão

A escrita, ora é fria

ora é quente

inoportunamente, ora caleja as mãos;

ora é feia

outrora, já foi encantadora como uma fada; mágica e musical.

A escrita também pode ser alta e baixa como uma montanha. Contudo, o seu fundamento sempre será as palavras escritas à mão.

BUSHIDO É A LEI

KIUDO LANÇA A SETA

SHODO É A ARTE ESCRITA

KATANA RISCA

HAIKAIS NÃO SEI –
ALDRAVIAS TALVEZ

querida
ferida
partida

adeus
a deus

retorno
jesus

judas
aos montes

morro primeiro
a esperança depois

depois do depois
o abismo final

fenda abissal
molusco gigante

abraço desconcertante
é o seu.

nós elos nós

prefiro pisar a grama
haja vista a terra dura

prefiro a sombra da manga
haja vista a dos santos

prefiro o grupo menor
haja vista o maior sem contemplação

prefiro a arte na praça
haja vista aquela árvore sem graça

e prefiro você
haja vista
você.

Gosto tanto quando você vem aqui! Daqui, vamos à feira caminhando... vou caminhando com você mesmo com a minha dificuldade de caminhar. Você é MEU APOIO PARA IR. Quando terminarmos nossa jornada, vamos jantar.

A SOBREMESA QUE LADEIA

Não sinto mais as nossas doces alianças; não
enxergo mais nada além do Leste horizonte.

À noite...

Os meus sonhos na capanga; encardidos pelo tempo. Temo o tempo, o tempo que ainda me resta e o fim. Contudo, nos meus sonhos... não temo nada.

AGONIA DUVIDOSA

Um pássaro negro mordiscava os meus dedos...
Mas não era um assum-preto, era um
corvo enganador.
Fingia acariciar-me... me prendeu, me machucou.
O meu dedo na sua boca
entre o prazer e a tortura
eu; no meu sonho com o diabo
louco; pra sair...
Mas meus dedos aprisionados no seu bico afiado
confinava a mim a dor.
Eu detido no meu sonho
abraçado pelo cão
um cachorro emplumado que estraçalhava a
minha mão...
Seus dentes afiados, o seu bafo na minha cara,
jamais vou esquecer.
Agonia duvidosa...
Alvorada
amanhecer.

ACONCHEGO MATINAL

pão de queijo quente
café quente
leite morno quente
e uma chávena de chuva.

Dizem que serra tem pé...
Nasci aos pés do estrondo
e um estrondo veio do alto
e do alto vieram lufadas
um risco descendo, trovões
o pé da serra urrando!

Queria poder sair de mim... e depois, voltar; a ser eu no meu lugar.

AS RETICÊNCIAS DA VIDA

Admiráveis são as reticências.

Seus pontos podem ser muitas coisas; para além dos nossos pontos de vista.

Podem ser uma pausa, um silêncio necessário, um intervalo desprezado; outros fins.

E a vida...

... ...

SUÉLIO FRANCISCO DE SOUZA nasceu em Paraíso do Tocantins (TO). Atualmente, reside em São Luís de Montes Belos (GO). *A minha poesia sobre reticências* é o seu segundo livro publicado pela Editora Labrador. De certa forma, a obra é continuação da primeira — *A minha poesia é nossa* (2020) —, porém sem as pretensões antológicas do livro anterior e, sim, com um forte apelo visual na sua composição. Ademais, Suélio continua, modestamente, considerando-se um escritor amador. Amador das boas coisas da vida!